O GESTUAL DOS FLORAIS DE BACH

Dr. Wagner Bellucco

O GESTUAL DOS FLORAIS DE BACH

Uma descrição livre das categorias florais de Bach, a partir do gestual das plantas que dão origem às essências.

Uma ponte entre a apreciação artística da planta original em seu hábitat, as virtudes curativas das essências florais e as necessidades dos seres vivos que delas irão se beneficiar.

Editora Pensamento
SÃO PAULO

Dados Internacionais de Catalogação na Publicação (CIP)
(Câmara Brasileira do Livro, SP, Brasil)

Bellucco, Wagner
O gestual dos florais de Bach : uma descrição livre das categorias florais de Bach... / Wagner Bellucco. -- São Paulo : Pensamento, 2008.

ISBN 978-85-315-1516-2

1. Bach, Edward, 1886-1936 2. Cura 3. Ervas - Uso terapêutico 4. Essências e óleos essenciais - Uso terapêutico 5. Flores - Uso terapêutico 6. Saúde - Promoção I. Título.

07-9640 CDD-615.85

Índices para catálogo sistemático:
1. Essências florais : Terapias alternativas 615.85
2. Florais de Bach : Terapias alternativas 615.85

O primeiro número à esquerda indica a edição, ou reedição, desta obra. A primeira dezena à direita indica o ano em que esta edição, ou reedição, foi publicada.

Edição	Ano
1-2-3-4-5-6-7-8-9-10	08-09-10-11-12-13-14

Direitos reservados
EDITORA PENSAMENTO-CULTRIX LTDA.
Rua Dr. Mário Vicente, 368 — 04270-000 — São Paulo, SP
Fone: 6166-9000 — Fax: 6166-9008
E-mail: pensamento@cultrix.com.br
http://www.pensamento-cultrix.com.br

Dedicatória

Dedico este pequeno trabalho aos meus mestres no trato com as essências florais inglesas, Dra. Jessica Bear, Dr. Edward Bach e ao amigo Julian Barnard, que dedicaram anos preciosos de suas vidas ao bem-estar da humanidade.

Agradecimentos

Agradeço a todas as pessoas que, de alguma maneira, estiveram presentes ao longo da minha vida.

Em especial agradeço à minha mãe pelo seu carinho particular; à minha irmã Sandra pelo seu apoio e amizade; aos meus filhos Francine, Thais e Eric que souberam entender as limitações de nossa vida; à minha companheira de todas as horas, Emília, que sempre soube dar o melhor de si em cada etapa da nossa convivência, e ao bebê, Lívia, que nascerá em 19 de maio de 2008.

"Se estivermos atentos, não passará um só dia em nossas vidas sem que nos aconteça um milagre."

RUDOLF STEINER

"A tarefa do médico é distrair o doente enquanto a Natureza age."

VOLTAIRE

Sumário

Os florais com um asterisco (*) são os denominados "florais de personalidade" (*Twelve Healers*), que foram os primeiros a ser descobertos pelo Dr. Bach. São destacados por caracterizarem os modos de ser das pessoas, de tal forma que se constituem em verdadeiros clichês.

Introdução

Hoje em dia é fato notório que as essências florais, qualquer que seja o sistema considerado, estão incorporadas ao arsenal terapêutico brasileiro. E nós, que adotamos todos os povos do mundo e nos irmanamos sob o mesmo céu; que integramos sem preconceito o maior número de crenças religiosas, seitas e práticas tanto exotéricas como esotéricas as mais diversas; que como nenhum outro povo no planeta, sabemos dar vazão à criatividade nos diferentes campos de atuação da humanidade atual, igualmente acolhemos, sem distinção de qualquer espécie, os numerosos sistemas de essências florais harmonizantes surgidos nos últimos tempos.

Mesmo tendo sido abençoados com uma flora própria muita rica, recebemos afetuosamente as flores de todos os cantos do planeta e as estudamos e utilizamos para proporcionar alívio e cura para os nossos clientes e pacientes.

Aqui e acolá, surgiram movimentos de resistência à entrada de um novo sistema floral ou mesmo de um novo fornecedor de um conjunto já existente. Aos poucos, no entanto, as diferenças foram desaparecendo, dando lugar à compreensão de que cada pessoa deve usar o sistema floral que mais se adapte ao seu modo de ver a realidade e que mais se coadune com os seus propósitos e anseios.

Com respeito aos florais estrangeiros, sempre carecemos da falta da vivência direta com as plantas, o que tornaria mais intuitivo e fácil o seu uso terapêutico. No entanto, é possível suprir essa carência com cursos e fotos trazidos pelos autores ou divulgadores dos sistemas em questão e com eventuais visitas ao hábitat das flores.

O sistema floral do Dr. Edward Bach nos foi trazido em primeiro lugar por publicações de pessoas ligadas ao Bach Center na Inglaterra e de seus testemunhos em cursos e seminários desde o início dos anos 1990.

Com o interesse crescente pela terapia floral de Bach, logo apareceram outros companheiros de jornada trazendo sua rica e dedicada experiência pessoal, como no caso de Julian Barnard, herbalista da Inglaterra que veio ao Brasil pela primeira vez em 1991, tendo voltado outras vezes em anos subseqüentes.

Aprendemos, dentre outras coisas, a vislumbrar a linguagem das plantas, o *gestual* que se expressa por meio das cores, das características morfológicas, da predileção por determinado tipo de solo, do crescimento, da mitologia associada; enfim, um conjunto de informações preciosas que tornaram as flores de Bach tão conhecidas quanto as plantas que crescem no jardim do quintal da nossa casa.

Ao escrever este pequeno volume, a minha intenção foi transmitir um pouco da experiência que pessoas como o Dr. Bach, a minha querida e saudosa Dra. Jessica Bear e o próprio Julian Barnard viveram pessoalmente pela facilidade de contato com as plantas, assim como um pouco da minha própria experiência ao ler e absorver seus ensinamentos.

Espero que os que se dedicam ao uso das essências florais do Dr. Bach possam usufruir desta maneira de conhecê-las, e tirem melhor proveito para si e para os que vierem a tratar com elas.

O AUTOR

AS SETE CATEGORIAS DE BACH

FALTA DE INTERESSE

(PELAS CIRCUNSTÂNCIAS PRESENTES)

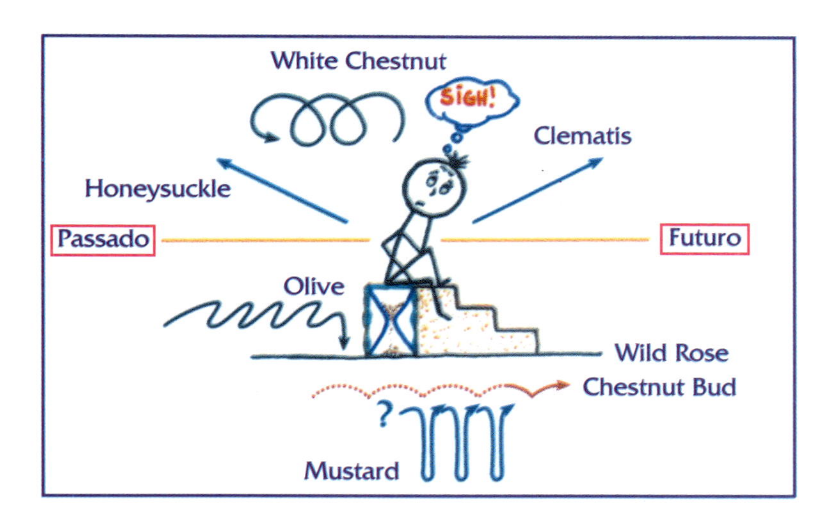

*Clematis**

(Clematis vitalba)

O nome latino da *Clematis* deriva do branco de seus filetes e do hábito que ela tem de se apoiar, como a videira, sobre outras plantas, cercas, etc. É, portanto, uma trepadeira que se fixa frouxamente no alto de outras plantas, arbustos ou árvores. Possui uma cor opaca, na verdade um tom de branco pastel cremoso. Em seu modo de crescer e em sua forma, sentimos algo impreciso, projetado para além, e de contornos pouco definidos, como uma nuvem pairando sobre o seu hospedeiro, vagando e oscilando suavemente.

Ao buscar pela planta podemos, inadvertidamente, atolar os pés na lama, numa alienação hipnotizante.

Sua imagem, portanto, é de uma forma enfumaçada, de contornos apagados, pousada sobre cercas vivas, árvores e arbustos. Ao vento, a planta fica ondulando como um cobertor felpudo.

A característica positiva da essência floral *Clematis** é a de permitir uma ancoragem consciente, uma melhor fixação no momento presente, impedindo que se "passe para o lado de lá" com muita facilidade. Ela é indicada para os sonhadores que se entregam à indolência dos que têm saudades do futuro.

Honeysuckle

(*Lonicera caprifolium*)

Para que possamos entender os estados mental e emocional, tanto negativo como positivo dessa essência floral, os seguintes dados devem ser considerados:

- *Honeysuckle* pertence às Caprifoliaceas.
- *Caprifolium* nos remete ao signo de Capricórnio.
- Capricórnio é o signo do começo do ano, do mês de janeiro.
- Da Antigüidade, relembramos o deus latino Janus, que, possivelmente, emprestou o nome ao primeiro mês do ano.

No estado mental negativo, as pessoas *Honeysuckle* são nostálgicas, saudosas, não se ligando suficientemente ao momento presente, pois para elas o melhor já passou; o que era bom ficou para trás.

Janus era um deus que tinha duas faces: uma voltada para o passado e a outra mirando o futuro. Era o deus dos portais de passagem, intermediando os "novos começos", do mesmo modo que janeiro anuncia um novo ano.

No estado mental/emocional negativo, os indivíduos *Honeysuckle* não só aprendem com o passado, mas a ele se apegam, assim como aos sonhos perdidos, jamais realizados.

Honeysuckle ornamenta os portões de entrada das propriedades e, com a sua corola de cor encarnada, anuncia o agora!

Ela é indicada para os que perderam um ente querido; para os que não se sentem fortes o suficiente para superar a perda de um vínculo afetivo e se negam o direito de amar novamente, de estabelecer novos laços.

Olive

(Olea europea)

Como floral, *Olive*, deriva de uma das plantas mais antigas em relação ao homem atual. Sobrevivente do grande dilúvio bíblico, juntamente com a videira (*Vine*) compartilha esta antiguidade. Desde essa época, a oliveira tornou-se símbolo da reconciliação e da renovação.

Indicada para as pessoas que passaram por provações prolongadas e árduas, *Olive* teria sido indicada a Noé como um tônico revigorante, para que ele, depois de ter passado por tantas dificuldades, pudesse recuperar a sua vontade de seguir adiante.

Também Jesus Cristo foi buscar a renovação no Monte das Oliveiras, orando enquanto seus discípulos descansavam.

Olive é uma planta originária das terras do Mediterrâneo, onde não é rara a aridez do solo. A planta doa a sua energia de modo inesgotável durante toda a sua vida. Mesmo quando já está bem velha e encurvada, ela continua a florescer e, no último ano antes de morrer, ainda dá frutos!

Mesmo as árvores velhas cortadas rentes ao chão conseguem brotar novamente. Sua fonte de energia é inesgotável! Uma parcela de sua energia é que a planta doa para aqueles que se sentem desgastados por preocupações, doenças e provações de todo tipo. Essa força de ressurreição, de regeneração os ajudará a prosseguir.

White Chestnut

(*Aesculus hippocastanum*)

A chamada castanheira-de-cavalo ou castanha-da-índia é uma árvore que foi levada para a Europa há cerca de trezentos anos. Sua atraente floração a faz ser apreciada, embora não apresente interesse comercial ou prático.

O Dr. Edward Bach chamou esse floral de *White Chestnut* para diferenciá-lo de *Red Chestnut,* que possui sintomas correlatos. Enquanto *Red Chestnut* (em seu estado negativo) projeta ansiedade e medo (suas flores são vermelho e rosa), *White Chestnut* é adequada ao padrão ansioso dos pensamentos circulantes e das obsessões mentais.

White Chestnut apresenta uma floração abundante espalhada pela árvore. De perto, tudo é muito confuso, excessivo e sem um padrão definido. No entanto, quando a observamos à distância podemos ver a harmonia e a clareza. Suas flores decoram a copa como candeeiros ardendo como uma luz branca irradiando paz e tranqüilidade.

Assim como em outras essências florais, as plantas que lhes dão origem mostram tanto o padrão negativo quanto o positivo. Em *White Chestnut*, alguns elementos do tronco, das flores e da aparência geral da árvore, tanto de perto quanto de longe, nos ensinam a integrar os opostos e a compreender os paradoxos. *White Chestnut* limpa a nossa mente dos pensamentos confusos, deixando apenas o essencial e o harmônico.

Mustard

(*Sinapis arvensis*)

Para os fazendeiros, *Mustard* é uma erva daninha que se intromete invadindo as culturas de milho e os campos preparados para o plantio. Ela também surge espontaneamente ao longo das terras revolvidas durante a construção de estradas.

Tal como a depressão de que trata, *Mustard* surge aparentemente como uma praga no meio da vida planejada. No entanto, devemos atentar para o lado positivo da questão e da planta: o surgimento de uma névoa escura e triste nos suscita a refletir sobre a vida e a retomá-la com redobrada alegria.

Mustard ressurge nos campos mesmo quando o lavrador a destruiu com o trator ao.arar a terra para o cultivo. Então, quando a terra marrom é revolvida, ela renasce com o seu amarelo intenso e a sua vitalidade teimosa.

Observe o sempre presente aspecto dual: o surgimento brusco da tristeza e a afirmação positiva da planta.

Quando cavamos e revolvemos o passado da nossa alma, isso pode se constituir numa oportunidade para que a alegria de viver possa ter condições de se mover para a superfície e, no momento oportuno, ressurgir novamente.

Mustard se mostra pronta e disposta a servir a todas as personalidades perdidas na escuridão abissal na busca de sua essência. Ela nos resgata das trevas ao nos iluminar a todos com sua Luz.

Chestnut Bud

(*Aesculus hippocastanum*)

Passado

A questão central de *Chestnut Bud* é o interesse pelo aprendizado. No estado mental negativo relativo a esta essência, a pessoa se recusa a aprender com os acontecimentos de sua própria vida ou da vida de outrem.

Como disse o Dr. Bach: “Mesmo uma longa jornada só se inicia com a decisão de irmos adiante, pois baseamos as nossas decisões em nossos anseios e necessidades.”

Uma das finalidades da nossa vida terrena é adquirir conhecimentos e, no estado negativo de *Chestnut Bud*, ocorre uma recusa da personalidade em reconhecer os acontecimentos da vida como oportunidades para isso.

O frescor do novo, o interesse renovado a cada dia é a qualidade positiva da essência floral *Chestnut*

Bud. Embora seja um broto de uma árvore centenária, a planta se comporta com tal vitalidade ao despontar na primavera, que parece estar surgindo para a vida pela primeira vez!

Sim, devemos dizer a nós mesmos sempre: "Hoje é o primeiro dia do resto de minha vida." Todas as manhãs e todas as noites, nós devemos procurar o despertar a partir do interior.

Wild Rose

(Rosa-canina)

Passado

Muitas vezes, a nossa vida se transforma numa verdadeira luta e, frente às muitas dificuldades, a grande maioria das pessoas pode assumir uma postura resignada, triste e acomodada. Nessas ocasiões faltam-lhe a alegria e a descontração tão típicas da infância – aquela alegria espontânea que faz da vida algo gostoso e descompromissado, sem o peso e as responsabilidades que por vezes sentimos na idade adulta.

Quando nos rendemos às forças da inércia, somos invadidos e dominados pela apatia, pela resignação, pela falta de interesse em agir ou mudar. Isso fatalmente pode nos encaminhar para o destino final, para a morte.

Talvez fosse esse o estado mental em que se encontrava o Dr. Edward Bach quando descobriu *Wild Rose*, que estava em total oposição a *Vervain*.*

Em seu estado negativo, as pessoas que necessitam de *Wild Rose* carecem de interesse até por si mesmas. Já a planta exibe suas flores bem abertas voltadas para o mundo, para o Sol. Possuem a forma de um coração aberto para todas as coisas, tanto absorvendo quanto doando. É um misto de alegria e de esperança que, como um delicioso banho de chuveiro, nos faz cantar!

Wild Rose cresce de forma irregular numa cerca viva em meados do verão europeu e floresce quando o Sol está refulgindo em todo o seu esplendor. Ela enfeita os caminhos, tal como a alegria enfeita a vida, abrindo suas pétalas em forma de coração como a nos lembrar que podemos e devemos amar a vida como uma dádiva, buscando viver de maneira leve e despretensiosa, ansiando sempre por novas e divertidas aventuras.

Sempre que possível, devemos acrescentar *Wild Rose* a uma combinação de essências florais. O mundo e as pessoas estão precisando muito de amor e alegria!

SOLIDÃO

Há os que “curtem”!
OH! PLEASE, LEAVE ME ALONE!
– Os que detestam!
– Ameaça do anonimato.
BLA, BLA, BLA
MUNCH! MUNCH!
Heather
Water Violet
E os que acabam ficando sozinhos!
Impatiens

*Impatiens**

(*Impatiens glandulifera*)

Em 1928, o Dr. Edward Bach encontrou três flores que ainda hoje fazem parte do sistema terapêutico que leva o seu nome. Talvez a *Impatiens* tenha sido a primeira dessa série que compreende ainda *Mimulus gutatus* e *Clematis vitalba* (que deram origem aos florais *Mimulus** e *Clematis**).

Trata-se de uma planta trazida da Ásia no início do século passado, e que se encontra em expansão pelos campos. Bach a encontrou no final do mês de setembro, quando as suas cápsulas tensas estavam maduras, cheias de sementes prontas para serem lançadas para longe.

Sempre ativa, a planta exibe concomitantemente brotos novos, flores e sementes no final do verão, como se tivesse se atrasado durante a estação e, no fim, resolvesse compensar fazendo tudo depressa para aproveitar a luz do Sol que começa a se distanciar da Terra. Por outro lado, na primavera, adianta-se em relação às outras plantas, formando densos bancos de flores por todo o campo.

Os padrões em desequilíbrio da impaciência, da irritação e do nervosismo, podem ser neutralizados pela essência das delicadas flores de um tom claro de rosa da *Impatiens*. Sem dúvida, a virtude a surgir daí é o perdão.

Heather

(*Calluna vulgaris*)

Heather medra na imensidão selvagem da Grã-Bretanha, ocupando vastas extensões, onde vive praticamente sozinha. Um símbolo vivo da qualidade de estar na imensidão consigo mesmo!

Poeticamente, podemos dizer que seus tons suaves de rosa e púrpura cobrem calorosamente os campos selvagens dos nossos mais íntimos anseios. Desse modo, *Heather* acalma a nossa ansiedade por detalhes insignificantes, medos e preocupações quando nos colocamos no centro da questão.

Sempre que estivermos presos a um turbilhão de pensamentos em torno de um assunto pessoal, girando e girando em torno do próprio umbigo, *Heather* estará indicado para trazer o aquietamento necessário, para que, mesmo quando estivermos sós, possamos nos sentir bem, com a sensação de fazer parte de um todo maior.

A planta suporta a aridez e a pobreza do solo como nenhuma outra o faria, mostrando como podemos ser auto-suficientes sem padecermos do medo do anonimato ou do isolamento, mas sem, no entanto, nos tornarmos egocentrados.

No estado negativo, tendemos a "grudar" nos outros para marcar a nossa presença e existência.

Com o tempo, *Heather* transforma o solo de tal maneira que outras plantas não crescem mais ao seu redor, o que acaba por deixá-la sozinha. Consideremos o aspecto dual aqui tão patente e vivamos a comunhão com o TODO!

*Water Violet**

(Hottonia palustre)

Esta planta, que o Dr. Bach encontrou ao tentar achar um recurso terapêutico para uma amiga, prefere crescer nos charcos isolados e ocultos, ou ainda em regatos bastante calmos. Trata-se de uma espécie cada vez mais rara, pois com a drenagem desses charcos e a poluição das águas, lamentavelmente, o seu hábitat se reduziu.

Como personalidade, *Water Violet** cultiva uma vida calma e digna, longe do que poderia embaraçá-la. Vive em locais inacessíveis atrás de diques e barreiras onde os animais não a possam perturbar.

Suas flores possuem as cores rosa e amarelo, que traduzem, respectivamente, o seu amor e o seu interesse pela humanidade.

Na flor, vemos resolvida a dualidade, a separação, e por isso, em *Water Violet**, o isolamento transforma-se em confiança recatada, o desdém e o orgulho em amor e interesse pelos outros, possibilitando ao ser humano ajudar seu semelhante com a virtude da dignidade, amorosamente colocada para servir, em vez de uma postura arrogante, distante e desdenhosa.

Sua mensagem é a de um tranqüilo envolvimento com a vida e não de um isolamento egoísta e sem amor.

MEDO

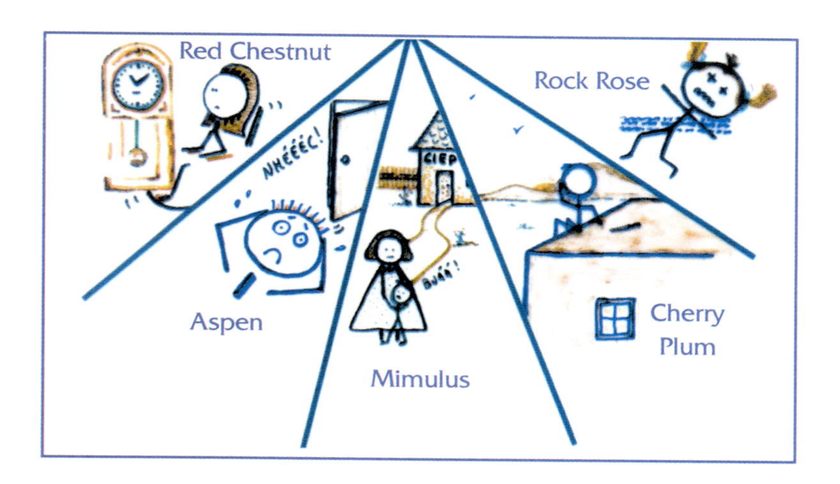

Red Chestnut
Rock Rose
NHÉÉÉC!
CIEP
BUÁÁ!
Aspen
Mimulus
Cherry
Plum

Rock Rose*

(*Helianthemum nummularium*)

Observada em seu local de crescimento, *Rock Rose** destaca-se das plantas ao seu redor pela intensidade de sua cor amarela clara e brilhante. Refulge, irradiando em suas pétalas e estames como uma moeda de ouro, a pura luz-vida do Sol, forrando a grama baixa com um tapete dourado.

*Rock Rose** protege do medo paralisante e petrificante que rouba a clareza da mente e nos remete ao caos, que nos imobiliza ceifando a ação, cujo nascedouro sensível é a *presteza do coração.*

Em meio a uma situação urgente com o seu terror característico, *Rock Rose** nos lembra, com sua atitude reverente e silenciosa, que somos filhos do Criador, confiantes em nossa natureza divina, invencíveis, indestrutíveis e inconquistáveis, como disse o Dr. Bach.

*Rock Rose**, como forma-pensamento símbolo da clareza mental e da presteza de coração, vem em nosso auxílio quando precisamos subtrair o poder do medo e dá-lo ao Amor!

Mimulus*

(Mimulus gutatus)

Toda planta tem uma relação própria com seu hábitat, de modo que podemos dizer que ela é uma expressão das forças que nele atuam.

Mimulus é uma planta que cresce às margens de cursos d'água, fixando-se timidamente sobre as pedras e o solo. Aos poucos, vai então lançando suas raízes mais profundamente no cascalho, vivendo aí, mais dentro do que fora da água que lhe fustiga a folhagem e as flores e arrasta as sementes, que lá adiante se transformarão em novos exemplares da planta.

Essa maneira de início titubeante e depois mais despojada de viver e se entregar ao curso da vida com seus perigos inerentes, é a característica dual de *Mimulus** e das pessoas que dela necessitam. Numa época como a nossa, que enfatiza os valores materiais, desde os bens externos até o nosso corpo, *Mimulus** ensina que podemos viver com desprendimento entre os perigos, buscando e encontrando a liberdade sem receio de ficarmos presos na forma, aceitando a nossa humanidade vulnerável e colocando o amor pela vida acima do nosso medo.

Cherry Plum

(*Prunus cerasifera*)

Em 1935, o Dr. Bach iniciou a descoberta de uma nova série de essências florais preparadas e vivenciadas de maneira distinta do grupo inicial (Os Doze Curadores e Os Sete Auxiliares).

Ele chegou ao extremo de sua razão, comprimido como uma mola, um vulcão prestes a explodir, acompanhado de um sofrimento físico que parecia deixá-lo à beira da loucura! Aliviou-se desse estado distraindo-se pelos campos por onde andava e com a essência de *Cherry Plum*.

As qualidades conferidas a ele pela planta foram: calma, serenidade e controle da mente. Com *Cherry Plum* é possível trazer de volta as forças harmoniosas do espírito que aquietam a turbulência e aliviam a tensão.

As flores aparecem no final do inverno; nos dias claros pelo intenso brilho do Sol, nós podemos divisar, no futuro próximo, o despontar da primavera! Num dia como esse é que a essência de *Cherry Plum* deve ser preparada, pois é aí que encontramos a luz intensa e o brilho nas flores e os brotos que anunciam de modo radiante e confiante que se avizinha o retorno à vida!

Enquanto *Aspen* nos convida a confiar no desconhecido, *Cherry Plum* nos enche da coragem e da confiança necessárias para calmamente aguardarmos "o conhecido além do próximo limite".

Red Chestnut

(*Aesculus carnea*)

Red Chestnut é uma árvore elegante que, quando florida, irradia uma força clara e calorosa, somente comparada à Vontade e ao Amor. Seu conjunto é muito bonito, havendo um intenso e belo contraste entre o verde-escuro da copa e as flores nas cores vermelho e rosa, exuberantes em seus ramos. Tudo isso nos dá a impressão de estarmos contemplando algo intenso e, ao mesmo tempo, difuso.

Red Chestnut não é uma árvore forte e, por vezes, aparenta certa falta de vitalidade, uma delicadeza, mescla de fragilidade que a sujeita a uma inexplicável decaída. Ela, então, encarna o estado mental negativo do medo e da ansiedade que projetamos sobre os outros, justamente por essa delicadeza e elegância, que, ao contrário, deveriam inspirar confiança e felicidade. As cores vermelha (coragem) e rosa (amor) das flores, são as únicas coisas que deveríamos cultivar em nosso ser para podermos ser úteis às pessoas que amamos.

Hoje em dia, *Red Chestnut* é uma árvore quase que exclusivamente plantada em avenidas, não ocorrendo espécimes selvagens. Conclui-se, então, que tanto a Coragem quanto o Amor precisam ser cultivados dentro de nós e a planta demonstra esse fato ao necessitar dos cuidados do ser humano para continuar a existir.

Aspen
(*Populus tremula*)

O álamo é uma árvore que treme mesmo em ocasiões em que não haveria motivo para isso. Ao tentarmos fotografá-la, temos dificuldade em colocar sua imagem em foco e, em geral, o resultado é algo impreciso e indefinível. Como o medo das pessoas de *Aspen*, a planta nos mostra um temor vago perpassando suas folhas à menor vibração do meio ambiente. Talvez possamos tentar explicar esse fato invocando a delicadeza dos pecíolos das folhas. Mas por que essa conformação anatômica? O tipo *Aspen* parece carecer de uma camada de proteção às coisas do sobrenatural, ao imponderável, ao indizível e inefável mundo astral. Bach nos fala de um medo oculto, desconhecido de que algo terrível possa nos acontecer sem que possamos identificar a origem. A árvore guarda em sua memória do passado o tempo das crucificações, para as quais cedia o seu madeiro para que fossem feitos os cepos onde morriam os supliciados. Para nós, traz à Terra as forças do desconhecido que no futuro serão conhecidas de todos como patrimônio da alma humana. *Aspen* dá a coragem necessária no presente para acolhermos com confiança aquilo que o futuro desconhecido possa nos trazer.

INSEGURANÇA

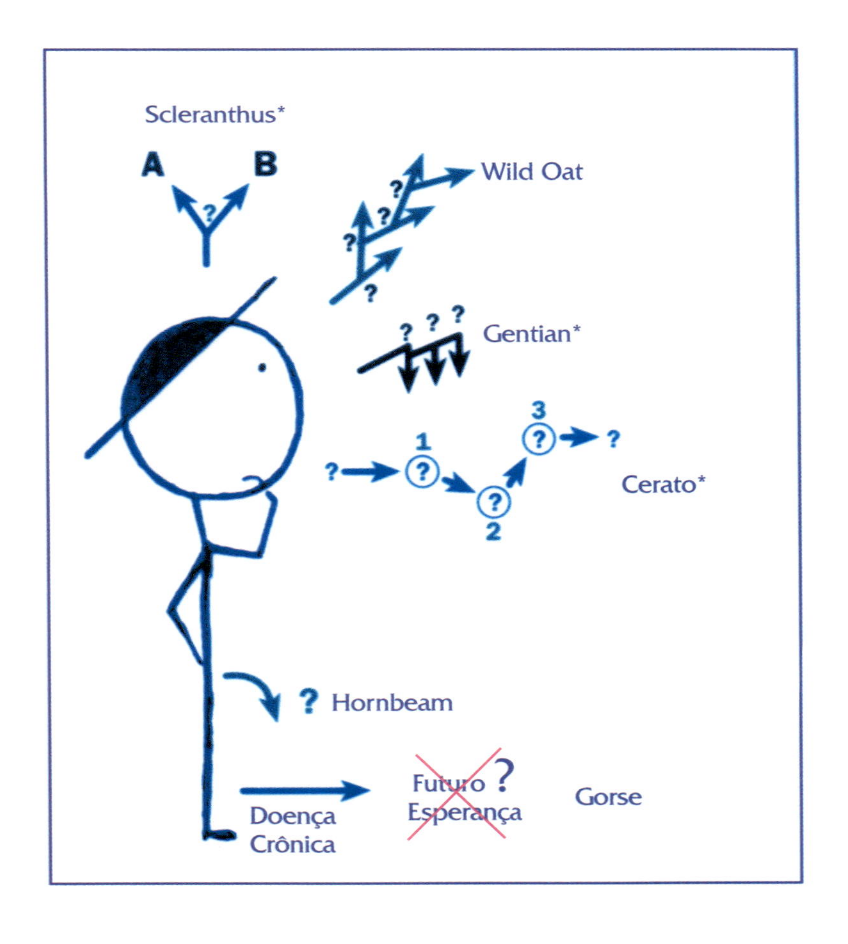

Wild Oat

(*Bromus ramosus*)

É uma grama alta que possui um nome inglês indefinido: *Hairy Brome*. *Bromus* vem do grego *Bromus* (aveia), mas *Wild Oat* tem pouco a ver com as outras gramíneas do planeta.

Em primeiro lugar, as gramíneas costumam cobrir grandes extensões de terra, sendo em geral cultivadas por interesse econômico, ou simplesmente crescem como a grama.

Já *Wild Oat* não escolhe uma terra cultivada, mas cresce aqui e acolá em tufos esparsos, preferindo um solo úmido sombreado, escondendo-se entre as árvores para evitar ser ceifada pelo homem ou comida pelos animais.

Ela se mantém nessa atitude de espreita hesitante, como se estivesse esperando uma verdadeira oportunidade para realizar os seus altos propósitos. As pessoas que dela necessitam são assim: carecem de vontade suficiente para firmar um propósito, e desse modo acabam perdendo muitas oportunidades na vida em função de algo que avaliam como realmente adequado e marcante que pretendem alcançar. Como as flores da planta, essas pessoas ficam "pendentes" sem uma atitude definida, esperando a sua oportunidade definitiva.

Hornbeam

(*Carpinus betulus*)

Cada atuação traz-nos a oportunidade do aprendizado, e o desejo de aprender faz-nos experimentar coisas verdadeiras — reais aventuras.

Hornbeam é uma planta robusta, forte, que nos ajuda a carregar o fardo da vida diária. É preciso que demonstremos disponibilidade e utilidade para experimentarmos a vida; e a planta mostra-nos isso em sua madeira dura e branca que se presta à confecção de rodas, cepos de madeira para açougue, macetes, arados, etc.

Hornbeam é plantada em alamedas, e suas copas confluentes formam um corredor que despeja sobre os passantes uma cascata de energia vital revigorante. É uma árvore que permite a manipulação de seus galhos para a formação desses túneis, e sua madeira é boa para ser queimada como lenha. É uma árvore adaptável, que tolera o corte e as variações climáticas e do solo.

Enfim, ela nos mostra as virtudes da determinação para o trabalho, a utilidade variada, a força e a resistência, a disponibilidade e a capacidade de adaptação.

Gorse

(Ulex europeus)

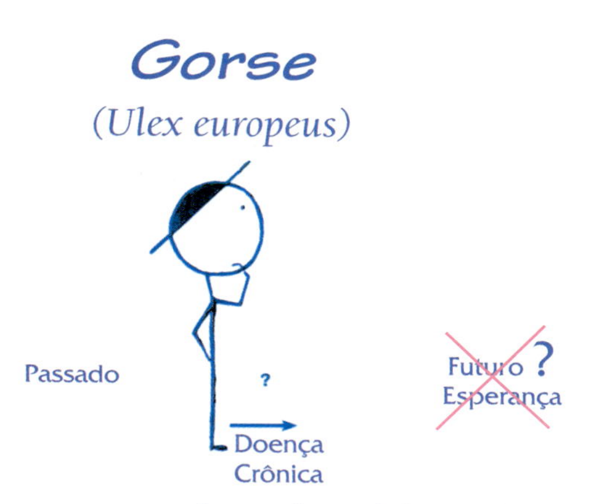

Gorse traz em si a força do sol dourado de suas flores; é essa energia que ajuda as pessoas que acabam de sair de um longo sofrimento a encontrar uma esperança de melhora. Já se disse que a virtude ou o sentimento mais terapêutico é a ESPERANÇA.

Gorse atravessa o final do inverno já com flores, mesmo quando tudo ao seu redor ainda está mergulhado na aridez e no desolamento do frio da estação. Ela vem anunciando a vida na primavera que se avizinha. Possui poderosos espinhos que impedem que ela seja comida pelos animais enquanto está crescendo e abrindo suas flores. No inverno suporta o frio e a neve e, tal como a esperança, parece estar decaindo, mas no fim... não morre! Toda a sua atitude ilustra para nós a virtude da esperança, uma espécie de "cutucão" para que não nos imobilizemos pelas experiências anteriores e do cotidiano, mas que prossigamos pela certeza e confiança no futuro.

*Cerato**

(*Ceratostigma willmottiana*)

Cerato é uma planta que até hoje não decidiu tornar-se selvagem. Na época em que a encontrou, o Dr. Bach esperava que no futuro pudesse substituí-la por alguma planta nativa, o que não aconteceu. Assim, *Cerato** ficou como a essência para os que sofrem de falta de confiança em si mesmos.

Não sabemos o que direcionou o Dr. Edward Bach para esta planta, mas podemos imaginar que a sua origem tibetana ou que o azul de suas pétalas inspirem a sabedoria que falta às pessoas com essa atitude mental negativa.

Cerato acabou por se tornar a planta de alguns poucos verdadeiramente interessados em seu cultivo – uma planta de colecionador. Podemos ver, nessa atitude, um paralelo com a aquisição da Sabedoria. É preciso buscá-la ativa e conscientemente, sem dúvidas e sem conselhos ou certezas externos. Devemos, sim, atuar independentemente do exterior, sabendo discriminar entre o certo e o errado, pelo uso da nossa intuição e da nossa sabedoria interiores; libertarmo-nos das convenções e das pequenas minúcias, assim como interiorizar a nossa atenção para enxergarmos a nossa verdade própria.

Gentian*

(*Gentiana amarella*)

G*entian* cresce nos pastos altos, no alto das colinas, e não nos vales como as outras irmãs de sua espécie. Do seu ponto de vista, propiciado pelo local em que se encontra, *Gentian* pode descortinar uma perspectiva encorajadora a respeito de um processo ou vivência.

Muitos seres humanos caminham pela vida assolados sempre pelo desânimo frente a um obstáculo que se lhes apresente desencorajador e deprimente. A planta, que vive bem firmemente ligada à terra, e que ao mesmo tempo possui um ponto de vista privilegiado, que descortina a paisagem do alto, traz à nossa mente limitada a compreensão, o entendimento e a firmeza de propósito.

Sua experiência própria incorpora a virtude de seguir adiante apesar das dificuldades do caminho.

*Gentian** cresce à beira das trilhas batidas onde freqüentemente é pisoteada. Não obstante, suas sementes são espalhadas e ela segue se multiplicando pelo solo. As flores surgem tardiamente entre o verão e o outono como a nos dizer que, no final, todo esforço compensa; que, a despeito dos empecilhos, devemos prosseguir.

Suas flores são de um violeta exótico, uma cor profunda que aponta para os reinos superiores, para a experiência da morte que culmina com a ressurreição.

*Scleranthus**

(*Scleranthus annuus*)

Scleranthus é uma planta rasteira e totalmente verde mesmo em suas flores. Corporifica-se na Terra, na região entre o azul do céu e o amarelo terrestre, resultando disso... o verde. Possui um caráter ambíguo e variável. Instável mesmo.

Dizem que nascemos aqui na Terra pelo nosso anseio pela vida. Muito bem! Em *Scleranthus** negativo, padecemos exatamente da confusão ambivalente na expressão desse desejo. A planta expressa essa dualidade hesitante em seu modo de crescer sem um sentido preciso, sem uma direção clara. Ela se dicotomiza o tempo todo ao rés-do-chão, como o ser humano que se perde nas decisões sobre coisas rotineiras e banais, paralisado pela dúvida e, ao mesmo tempo, mudando de uma para outra opção.

Se hoje encontramos *Scleranthus* crescendo ao lado da toca de um coelho, amanhã ela poderá não estar mais lá. Sem graça, passa despercebida ao olhar desatento; porém, quando é encontrada, faz-se notar.

Seu nome vulgar, "knawel", significa nó ou emaranhado. *Scleranthus*, com o seu verde e o seu padrão de crescimento caótico, nos ensina que de preferência devemos recorrer a uma introspecção profunda com o intuito de vislumbrar alternativas do que simplesmente escolher entre o certo e o errado.

HIPERSENSIBILIDADE

(A INFLUÊNCIAS E IDÉIAS)

Agrimony*

(*Agrimonia eupatoria*)

Esta planta, uma rosácea, foi durante muito tempo confundida com sua parceira de sistema floral, *Verbena officinalis* (*Vervain**). Realmente, elas possuem muitos pontos de semelhança, como a folhagem densa e a inflorescência em espiga.

Do mesmo modo, a ansiedade e a angústia são vividas pelas personalidades *Agrimony** e *Vervain**, que se diferenciam quanto à forma de expressão. A primeira é uma personalidade angustiada que procura manter-se longe daquilo que para ela possa ter sido um ponto negro em seu passado; algo indigno de ser lembrado ou encarado, um pecado, um fato ou uma atitude reprovável. Isso permanece na sua mente, o que leva a pessoa a adotar a negação como mecanismo de defesa e proteção.

*Vervain**, como personalidade, possui uma ansiedade voltada para fora, sob a forma de atividades diversas e uma maneira de ser muito intensa e categórica.

A agrimônia, como é conhecida, cresce junto com outras espécies, o que denuncia a sua necessidade de companhia. Porém, é preciso que cheguemos muito perto dela para que deixe suas sementes em forma de pequenos sinos grudadas em nossas roupas e que são, desse modo, imperceptivelmente carregadas.

Assim funcionam as pessoas de *Agrimony**. É preciso que se sintam seguras e confiantes para que possam se abrir com alguém e compartilhar os seus segredos. Em geral, costumam guardar para si os seus tormentos, tentando parecer alegres e joviais quando por dentro estão sofrendo angustiadas.

Elas precisam de estímulos como o álcool, o fumo, a comida, atividades, etc. para manter a fachada de felicidade e conseguir enfrentar as dificuldades da vida.

A *Agrimonia eupatoria* ou "campanário de igreja" como também é conhecida, cresce em todo o norte da Europa, exceto nas regiões árticas, em lugares expostos ao sol, até a altitude de mil metros. Atinge a altura de até setenta centímetros e floresce sob a forma de uma espiga de flores pequenas e amarelas, que se espiralam ao longo do eixo, buscando os "reinos superiores", enquanto suas raízes crescem profundamente no solo.

Mediante a sua virtude curadora, *Agrimony** traz às pessoas espontaneidade, transparência, paz e serenidade interior, tornando-as mais verdadeiras por nada terem a esconder. É um dos florais reativos, e sua utilização deve ser acompanhada por alguém capacitado a dar o apoio necessário ao eclodirem as emoções e os sentimentos que foram guardados por muito tempo.

*Centaury**

(Centaurium umbellatum)

Sua beleza recatada e sua modéstia transcendem o mero servilismo. A *Centaurium umbellatum* possui uma clareza de propósito que supera a fraqueza de caráter, pois mesmo crescendo nos pastos e em solos onde a vida se tornaria difícil para outras espécies, ela consegue uma expressão firme apesar da delicadeza de suas formas e cores.

Ela poderia passar despercebida entre as outras plantas, mas, uma vez observada de perto, nós nos surpreendemos com aquelas estrelinhas róseas que se destacam delicadamente, o que faz com que as plantas ao seu redor mostrem uma aparência mais grosseira.

Suas pequenas flores nos transportam para um mundo onde a suavidade e a delicadeza sutil são as virtudes mais apreciadas; não uma languidez servil, mas uma qualidade forte e brilhante.

Em meio às outras plantas, entre as quais *Centaury* poderia ser ignorada ou pisoteada, surge uma verdadeira entrega que doa a inesgotável energia que vem da Divindade e não da personalidade. Desse modo, essa compaixão não se confunde com escravidão, e a relação entre os que doam e os que recebem não é de abuso nem de exploração.

Walnut

(*Juglans regia*)

Precisamos conquistar a nossa liberdade de modo completo e absoluto. Assim, tudo o que fazemos, cada ação ou pensamento se origina de nós mesmos, capacitando-nos a viver e a nos entregar de maneira livre e espontânea.

Nos jardins e na natureza, certas plantas possuem a capacidade de viver em companhia de outras. Com *Walnut* acontece o contrário: ela tem uma espécie de energia que mantém as outras plantas como que acuadas!

Walnut possui uma aura que não é desagradável e, no entanto, ela mantém afastados os pássaros, os insetos e até mesmo outras plantas. Possui um óleo volátil que se espalha pelo calor.

A flor feminina assemelha-se a um útero ou ventre como as de muitas flores, porém nenhuma outra flor origina um fruto que carregue tão claramente a assinatura de um cérebro humano. Em vez dos sentimentos, é a mente a parte do homem mais influenciada por *Walnut*.

A árvore não é nativa e tem sido tradicionalmente plantada em função da noz e da madeira. Em geral, é encontrada próximo de antigas sedes de fazendas, preferindo o solo rico e muito espaço onde possa crescer.

Floresce de abril até o fim de maio. Na preparação da essência, são utilizadas as flores femininas e as folhas jovens.

Holly

(*Ilex aquifolium*)

Holly nos protege de ataques e influências que possam nos atingir ou dominar. Ao contrário de *Walnut*, que nos protege de coisas vindas de fora, *Holly* protege daquilo que surge de dentro de nós mesmos.

Não gostamos e não queremos ser ciumentos ou irados, mas por vezes nos sobrecarregamos de negatividade. Esse estado chega a nós sob a forma de um pensamento maldoso, como os demônios das histórias; eles nos tomam e dominam, passando a residir no nosso íntimo. Quando isso ocorre, naturalmente ficamos transtornados.

As árvores *Holly* são quase inteiramente ou masculinas ou femininas, razão pela qual não dão frutos. As folhas sempre verdes são lustrosas e presentes o ano inteiro.

Em maio e junho florescem exalando intenso perfume e produzem um néctar muito apreciado pelas abelhas. As flores espinhosas estão presentes na parte mais baixa da copa, sendo mais raras no alto. Nas árvores mais antigas elas podem estar ausentes, o que indica um amadurecimento no sentido da aquisição progressiva de sua virtude, o Amor.

A árvore cresce muito lentamente, mas é consistente e forte. Tradicionalmente, foi associada à capacidade de se enfrentar e expulsar o demônio.

Na preparação da essência, pelo método da fervura, são usadas flores masculinas e femininas, incluindo algumas folhas.

DESÂNIMO E DESESPERO

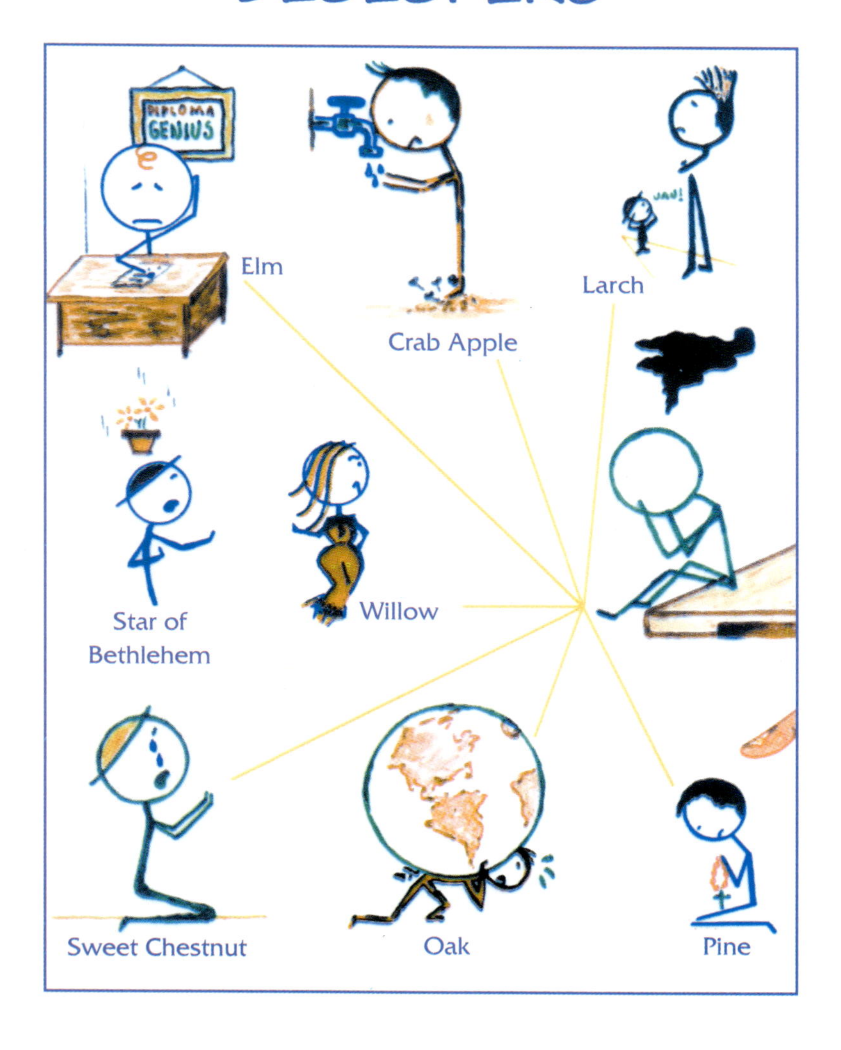

Crab Apple

(*Malus pumila*)

Esta é a verdadeira macieira, da qual as variedades cultivadas são selecionadas e reproduzidas. Ela não é uma árvore elegante, e chega até mesmo a ser desagradável ao olhar. Possui uma casca enrugada e um tronco nodoso; está mais para um arbusto ou mato mesmo do que para uma árvore. Porém, se caminharmos pelas veredas em maio, poderemos sentir um aroma adocicado.

Olhando em volta, veremos uma massa de flores brancas cobertas de abelhas colhendo néctar. Ali está *Crab Apple*, radiante como a luz, alegremente proclamando o deleite da beleza simples. Com o claro frescor da primavera, ela dispersa qualquer postura mesquinha que queira permanecer ou se manifestar, cantando a doce alegria de viver, uma vida nova e cheirosa, brilhante como a estrela da manhã.

Sua luz não é sentimental, mas penetrante e aguda, que vem para drenar, purgar e limpar. Embora as flores sejam doces, os frutos são acres e amargos: as douradas maçãs de *Crab Apple* não são o que aparentam ser.

Muitas das informações tradicionais a respeito das maçãs aplicam-se a este floral. Sabe-se que as maçãs amargas, em especial, carregam uma saudável carga de minerais, o que pode auxiliar na digestão, limpando todo o nosso sistema.

Como uma essência floral, *Crab Apple* é um grande estimulante da energia vital, depurando venenos e trazendo uma renovada atividade à superfície do corpo. Porém, embora seja usada com freqüência para problemas físicos, a sua ação predominante é metafísica.

As plantas representam idéias numa forma física, como os pensamentos da terra; conhecemos mitos e lendas sobre maçãs, que nos contam a sua história simbólica.

Desse modo, temos mitos sobre maçãs que nos dão a eterna juventude, maçãs associadas a Vênus e à beleza secreta que contém: o emblema da imortalidade, a estrela de cinco pontas, que pode ser vista quando a maçã é cortada ao meio.

Se nos lembrarmos da nossa natureza imortal, tudo se ajeita em seu devido lugar e, então, podemos ver os pequenos problemas da vida de uma perspectiva mais adequada.

Oak

(Quercus robur)

Muitas tradições envolvem o carvalho inglês. Ele se caracteriza por ser uma árvore de floresta nativa, um símbolo do povo inglês com sua confiável e real robustez. É a rainha das árvores; a árvore sagrada dos Druidas, cuja madeira é usada na construção dos navios da Real Armada, das grandes catedrais, das igrejas e dos edifícios públicos.

Possui uma copa grande e frondosa; seu tronco é inflexível, jamais se dobrando ao vento; é a árvore que a tudo suporta, sempre pronta e verdadeira.

Suas características nos dão uma idéia da natureza das pessoas que precisam de sua essência floral. Assim como a árvore, as pessoas *Oak* protegem os outros. Numa floresta de carvalhos, muitas espécies vivem em seus galhos e troncos. Uma infinidade de animais e de outras plantas se alberga nos seus ramos, nas suas folhas e em buracos feitos no tronco. São esquilos, corujas, diversos tipos de insetos os que encontram nessa majestosa árvore abrigo e alimento. As bolotas do carvalho ainda servem de alimento aos porcos. Dadivosa, a copa permite que a luz chegue até as plantas que crescem rentes ao chão.

Esse é o lado positivo da planta que irá harmonizar o indivíduo *Oak*, que sempre arca com um pesado fardo, nunca esmorecendo nem deixando de lutar. Cedo ou tarde, ele poderá sucumbir sob o peso de seu excesso de responsabilidade. A essência floral do carvalho irá mostrar-lhe quando deve parar; mostrará o seu limite interior e lhe dará o amparo necessário para suportar o seu destino e vencer as suas lutas.

Star of Bethlehem

(Ornithogallum umbelatum)

É uma flor de seis pétalas que se assemelha à Estrela de Davi; um símbolo com um significado muito especial. A planta cresce profusamente na Palestina e na Síria. Nessas regiões, estrelas possuem associações óbvias.

Esta pequena flor brilha com intensa alvura e mostra uma perfeita simetria hexagonal.

Na natureza, as formas geométricas possuem um maravilhoso significado. Só muito recentemente a Estrela de Davi tornou-se um símbolo do Judaísmo. Porém, remotamente, ela significava a perfeita interpenetração entre o Divino e o Material. Quando estão em perfeito alinhamento, os dois triângulos expressam harmonia e sintonia. Se eles estão desencaixados, facilmente percebemos o quanto as coisas estão fora do lugar.

A *Star of Bethlehem* é o floral do trauma! Do trauma que nos tira do eixo, que distorce e deixa tudo fora do esquadro. O brilho intenso da planta possui a capacidade de realinhar e restabelecer o padrão original. É o consolo de que precisamos nas horas de sofrimento. O conforto que nos acalma e embala como se estivéssemos nos braços de um ser extremamente carinhoso. É quando podemos respirar livres de tensão e expressar de modo natural a nossa natureza divina, novamente em seu lugar.

A *Star of Bethlehem* floresce em gramados abertos, solos drenados e sob o sol pleno.

Sweet Chestnut

(Castanea sativa)

Esta essência se encontra no segundo grupo de florais, descoberto pelo Dr. Edward Bach em 1935, e se localiza no subgrupo dos que sofrem de angústia e desespero. Podemos imaginar, então, que a flor para esse estado mental negativo deva ser dotada de força suficiente para ajudar a quem se encontre nessa situação desoladora e em condições insuportáveis, verdadeiramente no limite de suas resistências.

A árvore cresce forte e poderosa, com uma qualidade intrínseca, possuindo uma presença solitária de grande vigor e auto-suficiência. Chega a viver mais de mil anos e, do mesmo modo que o aspecto positivo da essência, a planta consegue "brotar" de um tronco velho. A essência dá ensejo a novos vislumbres e possibilidades. Demonstra enorme força vital, capaz de trazer para a luz do Sol o espírito abatido pelas lutas na escuridão.

No inverno, seu tronco cresce ereto e resoluto, mostrando claramente a sua força direcionada. Possui raias verticais ao longo da casca, que se espiralam espalhando-se pelos grossos galhos, indicando a presença de um foco nas forças terrestres. No verão, fica obscurecido pela densa folhagem feita de elementos amplos, resistentes e brilhantes como se estivessem encerados.

É uma árvore nativa do sul da Europa que foi levada para a Inglaterra pelos romanos.

No mês de julho, uma explosão de cores cobre a árvore; esse é o clímax de sua poderosa confiança na vida. Por ter se originado no Mediterrâneo, gosta de sol direto. Isso nos sugere que ela tem a capacidade de aquecer o coração e reanimar o espírito abatido. Sempre aponta para cima e para fora. Suas flores são como pequenas explosões de luz aquecida.

Elm

(Ulmus procera)

Esta árvore, que já foi um símbolo da Inglaterra, praticamente foi dizimada por uma doença causada por um tipo de fungo. Algo intrínseco à sua natureza, como se a forma-pensamento que a criou padecesse dessa falha. Por volta dos anos 1930, a situação tornou-se quase epidêmica, depois melhorou e novamente tomou força nos anos 1970.

É curioso que um microorganismo, um fungo insignificante possa pôr em risco a existência de uma árvore majestosa como o olmo inglês. Porém, transportando-se o raciocínio para o reino dos homens, até o mais forte de nós pode, uma vez ou outra, ser acometido de uma sensação de fraqueza ou incapacidade, mesmo que sejamos talhados para uma missão relevante e possuamos um caráter nobre.

Algumas pessoas em cargos de importância eventualmente podem se sentir temporariamente incapazes de executar uma tarefa a elas delegada. No fim das contas, assim como a árvore, essas pessoas acabam resistindo e cumprem o seu destino, não sucumbindo. Porém, às vezes sentem como se a vida fosse um fardo pesado demais para que elas possam suportar.

Devemos lembrar do estado mental em que se encontrava o Dr. Bach na ocasião em que ele descobriu essa planta. Talvez ele mesmo estivesse se sentindo um tanto sobrecarregado pelas circunstâncias de sua missão de vida, temporariamente incapaz de completar a sua tarefa de descobrir os florais restantes e, como Jesus Cristo, pedindo para que o Pai afastasse o cálice que lhe fora dado beber.

Existe certa semelhança entre *Elm* e *Oak*, que compartilham a mesma força; porém, *Elm* é mais sensível, o que aumenta a sua vulnerabilidade.

Larch

(Larix decidua)

No outono, essa árvore mostra um ar abatido, dando a impressão de que vai perecer, tal é sua aparência decaída; seus galhos ficam languidamente pendentes, incapazes de manter uma direção firme de crescimento.

Como em alguns tipos de personalidades, é como se lhe faltasse autoconfiança, uma qualidade superior, que surge do interior da pessoa e não pode ser comprada.

É preciso somente a confiança para se tentar empreender algo que nos pareça impossível realizar.

Larch tem um crescimento rápido e forte e, como outras coníferas, ela se dirige diretamente para o alto, embora as pontas de seus galhos se curvem de maneira graciosa, dando a impressão de que não vão conseguir se manter eretos.

Se pudermos divagar um pouco, diríamos que a planta mostra certa hesitação quanto a crescer, uma postura lamentosa que denuncia a sua natureza.

Nas palavras de Julian Barnard, "As flores de *Larch* estão entre as primeiras a sair na primavera, e os pequenos tufos em forma de agulha lentamente colorem os galhos pendentes. *Larch* modestamente se arrasta no verde. Possui flores modestas, que de perto mostram uma estruturação delicada, porém dotadas de uma força que caracteriza o lado positivo de *Larch*".

Ela se originou nas vegetações de tundra, onde as condições de existência são muito rigorosas, fato que torna *Larch* resistente apesar da aparência delicada. Assim também são as pessoas que podem ser muito mais capazes do que imaginam.

Pine

(Pinus silvestris)

A maioria de nós conhece um pinheiro e sabe que ele possui uma forma ereta, elevada e com as folhas sob forma de agulhas. Sabemos, também, que possui valor comercial, tanto pela madeira do seu tronco quanto pelos óleos essenciais que produz.

Algo dessa clareza penetrante de sua natureza passa como qualidade para certas personalidades humanas. São aquelas pessoas dotadas de um alto sentido de dever, com escrúpulo moral elevado e que, no entanto, se condenam ao falhar.

Elas atribuem a si mesmas a culpa e a responsabilidade em caso de erro, como se aguardassem a qualquer momento uma punição que as deixasse novamente em paz com Deus.

As propriedades depurativas do óleo de pinho agem com a agudeza penetrante exibida em suas folhas, eliminando a culpa indevida e o excesso de responsabilidade.

Como diz Julian Barnard, "Ao prepararmos a essência floral de *Pine*, sentimos um odor de coisa antiga e embolorada".

É como se algo do passado nos rondasse como se fôssemos eternos pecadores. Talvez, nesse passado, alguém tenha sido punido indevidamente por um adulto dominador e, como conseqüência, qualquer ato do presente possa igualmente sê-lo, mesmo que se esteja procurando fazer o melhor.

A Dra. Jessica Bear dizia que *Pine* era o floral dos católicos, pois sempre lhes foi ensinado que os seres humanos são culpados desde o início de sua existência, quando foram expulsos do Paraíso e condenados a uma vida de provação e sofrimento.

Pine, por meio de sua qualidade positiva, nos dá a medida exata da nossa competência e nos faz sentir seguros e amparados. É força e clareza em nosso coração!

Willow

(Salix vitellina)

O ser humano impera sobre a face da Terra, dominando não somente o seu semelhante, mas também os animais e as plantas, subjugando-os à sua vontade. Alguns desses seres sofrem esse domínio e se dobram, adaptando sua natureza às circunstâncias impostas pelo homem, enquanto outros permanecem selvagens e indomados.

Willow é um tipo de salgueiro que cresce em lugares alagados; portanto, em meio à umidade e à adversidade que isso possa representar. É freqüentemente usado para ornamentar ruas e, por isso, tem de ser podado periodicamente, para que se amolde aos desejos do homem. Seus galhos são usados como estacas ou mourões na construção de cercas por causa da sua resistência e flexibilidade.

Embora cresça em meio a um charco, sua madeira não apodrece como seria de se esperar. Igualmente não perece apesar de sofrer periodicamente o processo de poda, pois logo em seguida reage emitindo brotos verdes e novos e vigorosos galhinhos. Plantados em estacas, logo enraízam e constituem nova planta.

Uma pessoa que se sinta usada, traída ou molestada, pode reagir negativamente com amargor e ressentimento por causa da humilhação e do destrato. Esses sentimentos, assim como o ódio que freqüentemente os acompanha, se entranham nas células do corpo e lá permanecem, dando origem às mais variadas condições mórbidas como, por exemplo, o reumatismo.

A propósito, o reumatismo é conhecido como "a doença dos pés molhados", e aí vemos uma analogia com *Willow* (*Salix vitellina*) e com o ácido salicílico usado no tratamento dessa condição, que é caracterizada pela dor (sofrimento) e pela limitação.

Como diz Julian Barnard: "Enquanto *Water Violet** sofre em silêncio pela humanidade, *Willow* em seu estado negativo lamenta-se egoística e amargamente pelos seus problemas." A vida lhes é injusta; eles acham que mereceriam mais do que lhes foi dado; que os outros são os afortunados e eles uns pobres coitados; que a vida os deserdou.

Esse estado negativo é vencido por uma vontade positiva e por uma determinação para vencer as adversidades.

PREOCUPAÇÃO EXCESSIVA COM O BEM-ESTAR ALHEIO

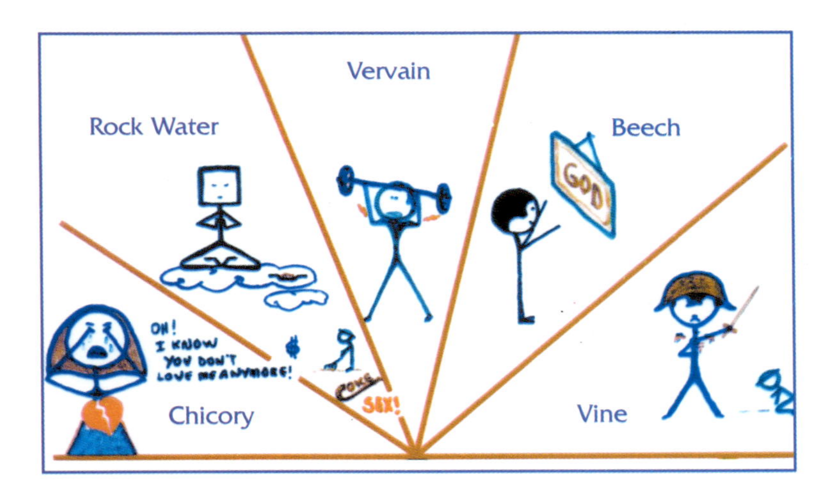

Vine

(*Vitis vinifera*)

A oliveira e a videira são plantas muito antigas, que convivem há séculos com o ser humano. Elas são mencionadas nas Sagradas Escrituras, nas passagens que envolvem a atuação de Noé, na época um grande condutor da humanidade. Após o dilúvio bíblico, ele plantou uma videira (Gênesis 9. 18-20) e a *pomba da Paz* anunciou o fim das águas ao trazer no bico um galho de oliveira.

Quanto à videira, podemos tomar a atitude de Noé como uma alusão à vida da alma do homem, que, igualmente, para dar bons frutos precisa ser cuidada, caso contrário, tal como a planta, somente fornecerá amargura e azedume.

A *Vitis vinifera* não possui um tronco que se mantenha por si próprio, necessitando apoiar-se em cercas. Cresce dessa maneira, lançando seus elementos de fixação (gavinhas), sobre o tronco hospedeiro que lhe serve de apoio.

O floral *Vine* se destina aos estados negativos: dominação, autoritarismo e inflexibilidade, quando expressa a vontade individual de maneira egocêntrica em vez de compaixão e amizade, esquecendo a origem divina (*di-Vine*) comum a cada um de nós.

As flores de cinco pétalas logo são expelidas para dar lugar à formação das bagas da uva, numa analogia ao modo pelo qual a personalidade que necessita de *Vine* trata seus semelhantes.

A cor verde das flores indica uma profunda ligação com o âmago da terra.

Nas palavras de Julian Barnard, "É no coração que *Vine* mostra seu estado positivo; aí o Dominador se torna Fraterno, o Assertivo se torna Receptivo e o Exigente se torna Generoso".

Para a Dra. Jessica Bear, *Vine* simboliza a Soberania, uma qualidade Divina que o ser humano vivencia quando se encontra, ao final de sua caminhada, face a face com Deus.

*Vervain**

(*Verbena officinalis*)

"Ao tentarmos compreender a natureza dos vários remédios vegetais, olhamos suas flores, cores, estrutura, local de crescimento, etc., para perceber suas indicações. No caso de *Vervain*, o que se nota é o esforço excessivo e o stress" (Julian Barnard).

A verbena nos mostra uma desproporção na sua estrutura. A planta cresce em sua base de maneira bastante intensa, emitindo muitos ramos e folhas como se todo esse esforço fosse resultar em flores grandes e exuberantes. No entanto, na ponta dos ramos despontam somente minúsculas flores de quatro a cinco milímetros, de aparência insignificante. Os talos praticamente não sustentam nada em suas extremidades!

O estado mental negativo a que se destina é exatamente aquele no qual a pessoa vive tensa e agitada, querendo dar conta de tudo, quase sempre ocupada e não conseguindo relaxar nem delegar o que acredita ser sua missão! Padece, verdadeiramente, de um complexo messiânico.

Os inconformados com a inépcia, a burrice e a incapacidade dos outros, são os que se beneficiarão deste floral.

A planta é originária do Mediterrâneo onde, sob condições áridas, desenvolveu suas características de resistência e atitude incisiva. Desse modo, as pessoas no estado negativo de *Vine*, exigem o mesmo dos outros que não compartilham de sua experiência.

Rock Water

(Água de fonte)

"Nosso planeta é um ser vivente e como tal se move e respira (uma respiração a cada 24 horas, junto com as plantas). Possui um sistema por meio do qual circulam a sua energia vital e os seus fluidos e, se o compararmos com um corpo, apresenta ainda um 'sistema nervoso' com centros sensíveis carregados de energia. Sua complexidade é pouco compreendida por nós que habitamos apenas sua superfície. Na escola aprendemos o ciclo das águas... A ciência descreve esse ciclo de mudanças, mas não consegue captar a parte oculta, metafísica, onde ocorre a revitalização, a recarga das energias. Essa força e vitalidade não se encontram nas chuvas ou nas águas do oceano, mas nas nascentes que brotam das profundezas da Terra" (Julian Barnard).

Rock Water é o único floral que não é obtido de uma planta, mas da energização da água de uma nascente descoberta por Edward Bach em 1933, quando preparava *Heather*, outro dos Sete Auxiliares.

Em seu estado mental negativo encontramos a inflexibilidade diante do novo; o caráter frugal, sério e sóbrio demais; o excesso de regras e dogmas no viver. Enfim... a falta do "jogo de cintura", do gozo da vida, da complacência, do julgamento ponderado, da verdadeira harmonia entre cérebro (racional) e coração (sentimento).

Rock Water representa o elemento água dentre os Quatro Auxiliares (*Gorse* — fogo; *Heather* — ar; *Oak* — terra; *Rock Water* — água).

Na Trindade Divina, representa o Espírito Santo, que mora no chakra laríngeo e promove a compreensão entre as pessoas. (Lembrar do Pentecostes.)

A água sempre procura o caminho possível em seu trajeto; contorna as dificuldades e durezas e traz à tona o frescor daquilo que foi renovado nas entranhas da Terra.

Rock Water possibilita uma atitude mais aberta, disponível e prazerosa diante da vida.

Beech

(*Fagus silvatica*)

A primeira vez que vi uma foto de um bosque de faias, tive logo a sensação de algo conhecido. Não que eu já tivesse visto alguma dessas maravilhosas árvores alguma vez na vida, porém era como um *dèja vu*, um reconhecimento instantâneo de algo de um passado recente ou mesmo do momento presente.

A clareza e o brilho expressos na foto, a retidão do tronco das árvores, aliados à aparência das folhas meticulosamente dobradas das fotos menores, prontamente me trouxeram à memória algo conhecido: meu jeito de ser.

Como um virginiano, logo me reconheci também na descrição dos aspectos negativos da planta e do floral.

Beech, como os ingleses chamam a planta, é até sinônimo de *implicante*, de tal modo que o indivíduo que dele precisa é apegado aos detalhes e criticamente atento às idiossincrasias dos outros.

As árvores crescem juntas num bosque para se protegerem dos ventos que podem derrubá-las, pois têm uma fraqueza: embora passem a imagem da perfeição nos detalhes, são pouco enraizadas e não resistiram a um vento mais forte. Então, escondem essa fraqueza, juntando-se em grupos de plantas, não deixando que uma outra espécie cresça sob sua copa.

Suas folhas são verdes, cobertas de uma fina penugem, meticulosamente dobradas, parecendo um legítimo origami!

Beech nos traz a idéia da perfeição. Mas, igualmente, podemos ver outras qualidades, tais como elegância e refinamento; ou falhas, como a crítica, a exigência, a intolerância e o detalhismo exagerado.

Beech está indicado sempre que houver alguém observando os defeitos alheios, ressaltando-os, não deixando passar uma imperfeição sequer.

As alergias de qualquer tipo são, também, maneiras de expressar crítica e intolerância.

Beech ensina que outras experiências de vida, que não as nossas, são igualmente válidas.

*Chicory**

(Chichorium intibus)

"Vemos no estado mental de *Chicory** algo da história de Deméria ou Ceres ou ainda Gaia, isto é, da Mãe Terra."

Assim começa a descrição de Julian Barnard da planta que fornece o floral *Chicory**.

Uma expressão de amor incondicional, desapegado, dedicado é a que devemos desenvolver em relação aos nossos semelhantes, em vez do domínio emocional chantagista e da dependência psíquica.

A planta *Chichorium intibus* é usada como cerca viva e como forragem para animais. Ressalta-se aí o seu dom natural para a nutrição e proteção de outros seres vivos.

Esses aspectos positivos encontram o seu contraste maior nas atitudes humanas negativas da possessão emocional, do zelo excessivo, da manipulação e da dissimulação com sentido egoístico.

Como planta, *Chicory* é usada como comida e bebida. Das raízes se faz uma bebida e as folhas se prestam para saladas. O uso terapêutico ocorre na medicina antroposófica e, de modo caseiro, como um remédio para o fígado.

"A *Chichorium intibus* cresce no sul da Inglaterra em solos calcários, esgotados, em volta das culturas de milho, na beira das estradas. Em solos muito ácidos, as flores não são tão intensamente azuis. Como o papel de tornassol, elas podem adotar um tom rosa-claro após a chuva" (Julian Barnard).

Bibliografia

e outras leituras recomendadas

AGREDA, VENERABLE MARY OF. *The mystical city of God.*

ARINTERO, FATHER JUAN G. *Song of songs — A mystical exposition.*

ARNOUDT, Rev. PETER J. *The imitation of the sacred heart of Jesus.*

BACH, EDWARD. *Os remédios florais do Dr. Bach — Cura-te a ti mesmo.* São Paulo: Editora Pensamento, 1990.

________. *A terapia floral — Escritos selecionados de Edward Bach.* São Paulo: Editora Ground, 1991.

BARNARD, JULIAN. *Um guia para os remédios florais do Dr. Bach.* São Paulo: Editora Pensamento, 1990.

________. *Padrões de energia vital.* São Paulo: Editora Aquariana, 1991.

BARNARD, JULIAN & MARTINE. *The healing herbs of Edward Bach.* Londres: Butler & Tanner Ltd.

BARTOLO, LUCIA DE. *Florais — Vivendo os passos do Dr. Bach*. São Paulo: Editora Gente, 1993.

BEAR, JESSICA. *Bach flower workbook workshop*. Las Vegas: Pam Callaway, 1990.

_______. *O poder dos florais de Bach*. São Paulo: Editora Gente, 1996.

BEAR, JESSICA, W. BELLUCCO. *Aplicações práticas dos florais de Bach*. São Paulo: Editora Pensamento, 2002.

_______. *Jogos de poder*. São Paulo: Robe Editorial, 1998.

_______. *Florais de Bach – O livro das Fórmulas*. São Paulo, Editora Pensamento, 2006.

_______. *Florais de Bach e Homeopatia*. São Paulo: Editora Pensamento, 2006.

CHANCELLOR, PHILIP. *Manual ilustrado dos remédios florais do Dr. Bach*. São Paulo: Editora Pensamento, 1991.

GURUDAS. *Flower essences and vibrational healing*. San Rafael: Cassandra Press, 1989.

HAY, LOUISE L. *Você pode curar sua vida*. São Paulo: Editora Best-Seller, 8ª ed., 1995.

HOWARD, JUDY. *Os remédios florais do Dr. Bach passo a passo*. São Paulo: Editora Pensamento, 1991.

HOWARD, JUDY & RAMSELL J. *The original writings of Edward Bach*. Londres: C. W. Daniel, 1990.

JONES, T. W. HYNE. *Dicionário dos remédios florais do Dr. Bach*. São Paulo: Editora Pensamento, 1991.

KRIPPER, VICTOR. *Terapia floral de Bach aplicada à psicologia*. São Paulo: Editora Gente, 1992.

LAMBERT, EDUARDO. *Matéria médica e terapia floral do Dr. Bach*. São Paulo: Editora Pensamento, 1993.

________. *Os estados afetivos e os remédios florais do Dr. Bach*. São Paulo: Editora Pensamento, 1992.

LEADBEATER, C. W. *Os chakras*. São Paulo: Editora Pensamento, 1989.

MONARI, CARMEN LUCIA RITA. *Participando da vida com os florais de Bach*. São Paulo: Editora Roca, 1995.

MONTEIRO JR., ALUÍZIO JOSÉ ROSA. *A cura pelas flores — Os harmonizantes florais do Dr. Bach*. São Paulo: Ibrasa, 1992.

PASTORINO, MARIA LUISA. *A medicina floral de Edward Bach*. São Paulo: Editorial Clube de Estudio, 1992.

PAOLA, SAINT FRANCIS OF. *Simi and segreti*.

SCHEFFER, MECHTHILD. *Terapia floral do Dr. Bach — Teoria e prática*. São Paulo: Editora Pensamento, 1991.

VLAMIS, GREGORY. *Rescue — Florais de Bach para alívio imediato*. São Paulo: Editora Roca, 1992.

WEEKS, NORA. *The medical discoveries of Edward Bach, physician. What the flowers do for the human body*. Londres: C. W. Daniel, 1973.

WEEKS, NORA, BULLEN, VICTOR. *The Bach flower remedies — Illustrations and preparations*. Londres: C. W. Daniel, 1964.

WHEELER, F. J. *Repertório dos remédios florais do Dr. Bach*. São Paulo: Editora Pensamento, 1990.

Para maiores informações sobre o
autor e suas obras escreva para:
wbellucco@gmail.com